Jaqueline Twenhöfel

Klassische WEIHNACHTS-PLÄTZCHEN

Die besten traditionellen Rezepte

Bassermann

Inhalt

Rezepte

Plätzchen für alle!

In der kalten Jahreszeit gibt es nichts Schöneres als mit leckeren Plätzchen, Spekulatius und Stollen die Weihnachtszeit zu genießen. Ob für zu Hause oder als süßes Mitbringsel eignen sich hübsch verzierte, selbstgemachte Plätzchen für Groß und Klein.
Ihre Herstellung bedarf je nach Rezept etwas mehr Zeit und Geduld, denn die zum Teil schweren Teige müssen lange ruhen. Stollen dürfen auch gerne mehrere Tage oder Wochen im Voraus gebacken werden – denn sie schmecken erst dann besonders gut, wenn die verschiedenen Gewürze das ganze Gebäck durchzogen haben und jeder Bissen köstlich nach Zimt, Nelken, Kardamom, Vanille oder Ingwer schmeckt. Die Plätzchen-, Spekulatius- und auch Stollenbäckerei macht großen und kleinen Backanfängern viel Spaß. Kinder lieben es, Teig zu kneten, Plätzchen auszustechen oder zu verzieren.

Hier ein paar Tipps und praktische Helfer für ein sicheres Gelingen: Eine Küchenmaschine als Stand- oder Handrührgerät ist der wichtigste Helfer beim Backen. Damit können Teige gerührt oder geknetet sowie Sahne, Eiweiß oder Eigelb-Zucker-Massen schnell und einfach aufgeschlagen werden. Für manche Teigarten wie zum Beispiel Hefe- oder Mürbeteig, ist die Zubereitung per Hand jedoch vorteilhafter, da sie durch zu starkes Kneten weniger elastisch oder gar zäh werden können. Eine Küchenwaage sowie ein Messbecher sind für perfektes Gelingen ebenfalls unverzichtbar.

Die Plätzchen in diesem Buch sind mit der im Rezept angegebenen Backzeit und Backtemperatur gebacken worden. Je nach Herd kann es jedoch Abweichungen geben, wodurch die Backzeit beeinflusst wird. Beobachten Sie daher die Bräunung Ihres Gebäcks. Sobald die Plätzchen eine gelbliche Farbe angenommen haben und an den Rändern leicht braun werden, können Sie sie aus dem Ofen nehmen. Manche Teige sind innen zwar noch weich, doch beim Auskühlen härtet das Gebäck noch nach.

Im Gegensatz zu Plätzchen, die möglichst sofort nach dem Auskühlen verpackt werden sollten, können Sie Lebkuchen etwa eine Woche lang offen aufbewahren, bis sie die richtige Konsistenz erlangt haben.

Ich wünsche Ihnen eine besinnliche Adventszeit und ein schönes Weihnachtsfest mit vielen leckeren Rezepten.

Iris' Spitzbuben

ca. 40 Stück | Zubereitungszeit: 1 Stunde | Kühlzeit: 1 Stunde | Backzeit: 15 Minuten

Teig
300 g Mehl
100 g gemahlene Haselnüsse
100 g Zucker
200 g Butter

außerdem
100 g Himbeerkonfitüre zum Bestreichen
Zucker zum Bestreuen
runde Ausstechform

Das Mehl in eine Schüssel sieben. Die gemahlenen Nüsse, den Zucker und die Butter in Flöckchen hinzufügen, rasch zu einem Mürbeteig verkneten. Den Teig in Frischhaltefolie wickeln und etwa 1 Stunde kühl stellen.

Den Teig auf einer bemehlten Arbeitsfläche ca. 3 mm dick ausrollen und kleine runde Plätzchen ausstechen.

Den Backofen auf 200 °C vorheizen. Ein Backblech mit Backpapier auslegen.
Die Plätzchen auf das Backblech legen und im Backofen (Mitte, Umluft 180 °C) ca. 10–12 Minuten backen.

Die Plätzchen noch warm mit Konfitüre bestreichen. Je zwei Plätzchen zusammensetzen und mit Zucker bestreuen.

Pariser Stangerl

ca. 70 Stück | Zubereitungszeit: 45 Minuten | Kühlzeit: 1 Stunde | Backzeit: 12–15 Minuten

Teig
300 g Mehl
150 g gemahlene Haselnüsse
100 g Zucker
1 Ei
200 g Butter

Glasur
125 g Puderzucker
2–3 EL Zitronensaft

Das Mehl in eine Schüssel sieben. Die gemahlenen Nüsse, den Zucker, das Ei sowie die Butter in Flöckchen hinzufügen, rasch zu einem Mürbeteig verkneten. Den Teig in Frischhaltefolie wickeln und etwa 1 Stunde kühl stellen.

Den Teig auf einer bemehlten Arbeitsfläche 3 bis 4 mm dick ausrollen und mit einem Messer oder einem Teigrädchen in etwa 2 cm breite und 7 cm lange Streifen schneiden.

Den Backofen auf 180 °C vorheizen. Ein Backblech mit Backpapier auslegen. Die Teigstreifen auf das Backblech legen und im Backofen (Mitte, Umluft 160 °C) ca. 12 bis 15 Minuten backen.

Den Puderzucker mit dem Zitronensaft zu einer dickflüssigen Glasur verrühren und die Plätzchen damit bestreichen.

Himmelsbrote

ca. 90 Stück | Zubereitungszeit: 50 Minuten | Backzeit: 20–25 Minuten

Teig
4 Eiweiße
250 g Zucker
1 Päckchen Vanillezucker
150 g Marzipanrohmasse
300 g gemahlene Haselnüsse
1 TL Zimtpulver

Glasur
100 g dunkle Schokoladenglasur

außerdem
Spritzbeutel mit flacher Tülle

Den Backofen auf 150 °C vorheizen. Ein Backblech mit Backpapier auslegen. Die Eiweiße zu steifem Schnee schlagen, den Zucker und den Vanillezucker dabei einrieseln lassen.

Die Marzipanrohmasse mit einer Gabel fein zerkrümeln, mit den Haselnüssen und dem Zimt mischen und unter den Eischnee heben.

Den Teig in einen Spritzbeutel mit breiter, flacher Tülle füllen und Streifen auf das Backblech spritzen. Mit dem Gabelrücken schräge Streifen in den Teig drücken. Im Ofen (Mitte, Umluft 130 °C) 20 bis 25 Minuten backen. Herausnehmen und abkühlen lassen.

Die Schokoladenglasur nach Packungsanleitung schmelzen. Die Himmelsbrote vorsichtig vom Backpapier lösen und die Enden in die geschmolzene Glasur tauchen.

Tipp Anstatt in Schokoladenglasur können Sie die Enden in eine Zuckerglasur aus 100 g Puderzucker und 2 bis 3 EL Himbeersirup tauchen.

Marias Nusskipferl

Foto auf Seite 4

ca. 60 Stück | Zubereitungszeit: 1 Stunde | Kühlzeit: 30 Minuten | Backzeit: 12–15 Minuten

Teig
300 g Mehl
150 g gemahlene Mandeln
100 g Zucker
200 g Butter

außerdem
4 EL Puderzucker zum Wälzen

Das Mehl mit Mandeln und Zucker mischen. Butter in Flöckchen hinzugeben und rasch zu einem glatten Teig verkneten. Den Teig zu Rollen von ca. 2,5 cm Durchmesser formen, in Frischhaltefolie wickeln und 30 Minuten kühl stellen.

Den Backofen auf 180 °C vorheizen. Ein Backblech mit Backpapier auslegen. Von den Rollen 1 cm dicke Scheiben abschneiden und zu kleinen Kipferln formen. Auf das Backblech legen und im Backofen (Mitte, Umluft 160 °C) 12 bis 15 Minuten backen.

Puderzucker in eine Schüssel sieben und die noch warmen Kipferl darin vorsichtig wenden.

Lauinger Mandelmonde

Foto auf Seite 4

ca. 60 Stück | Zubereitungszeit: 75 Minuten | Kühlzeit: 30 Minuten | Backzeit: 10–12 Minuten

Teig
250 g Mehl
100 g gemahlene Mandeln
70 g Puderzucker
200 g Butter

Glasur
200 g dunkle Kuvertüre

außerdem
100 g Aprikosenkonfitüre zum Bestreichen
Mond- Ausstechform

Das Mehl in eine Schüssel sieben. Die gemahlenen Nüsse, den Puderzucker sowie die Butter in Flöckchen hinzufügen, rasch zu einem Mürbeteig verkneten. Den Teig in Frischhaltefolie wickeln und ca. 30 Minuten kühl stellen.

Den Backofen auf 180 °C vorheizen. Ein Backblech mit Backpapier auslegen. Den Teig auf bemehlter Arbeitsfläche 3 mm dick ausrollen. Monde ausstechen und auf das Blech legen. Im Ofen (Mitte, Umluft 160 °C) 10 bis 12 Minuten backen.

Konfitüre leicht erwärmen. Je zwei Plätzchen mit etwas Konfitüre bestreichen und zusammensetzen. Die Kuvertüre im Wasserbad schmelzen und die Plätzchen darin zur Hälfte eintauchen oder damit bestreichen.

Zimtsterne

ca. 35 Stück | Zubereitungszeit: 40 Minuten | Backzeit: 15 Minuten

Teig
4 Eiweiße
250 g Puderzucker
500 g gemahlene Mandeln
1 TL Zimt

außerdem
Puderzucker zum Ausrollen
Stern-Ausstechform

Die Eiweiße zu sehr steifem Schnee schlagen. Den Puderzucker sieben und unter den Eischnee rühren. Die Eiweißmasse weiterschlagen, bis sie glänzt. 4 EL von der Masse für die Glasur abnehmen.

Mandeln mit Zimt mischen und mit einem Löffel oder Gummischaber vorsichtig unter den restlichen Eischnee heben.

Den Backofen auf 140 °C vorheizen. Ein Backblech mit Backpapier auslegen. Eine Arbeitsplatte mit Puderzucker bestreuen, die Teigmasse darauf etwa 1 cm dick ausrollen. Aus dem Teig Sterne ausstechen. Den Ausstecher dabei immer wieder mit kaltem Wasser abspülen.

Die Sterne auf das Backblech legen. Die Glasur mit einem Pinsel oder spitzen Messer auf den Sternen bis in die Spitzen verteilen.

Die Zimtsterne im Ofen (Mitte, Umluft 120 °C) etwa 25 Minuten backen. Sie sollten nach dem Backen innen noch weich sein.

Springerle

30 Stück | Zubereitungszeit: 1 Stunde | Kühlzeit: 2 Stunden | Ruhezeit: 12 Stunden | Backzeit: 25 Minuten

Teig

2 Eier
250 g Zucker
250 g Mehl
2 Messerspitze Backpulver
½ TL gemahlener Anis
etwas abgeriebene Schale von 1 Bio-Zitrone

außerdem

Holzmodel für Springerle

Die Eier mit dem Zucker etwa 15 Minuten dickschaumig schlagen. Das gesiebte Mehl, Backpulver, Anis und Zitronenschale mischen und unter die Eimasse heben.

Die Masse gut durcharbeiten, bis ein weicher Teig entstanden ist. Dann abgedeckt für 2 Stunden kühl stellen.

Ein Backblech mit Backpapier auslegen. Den Teig auf einer bemehlten Arbeitsplatte gleichmäßig 1 cm dick ausrollen. Mit Mehl bestäubte Holzmodel in den Teig drücken und ausschneiden. Die Springerle auf das Blech legen und 12 Stunden (am besten über Nacht) trocknen lassen.

Den Backofen auf 160 °C vorheizen. Die Springerle im Ofen (unten, Umluft 140 °C) 25 Minuten hellgelb backen.

Heidesand

Foto auf Seite 8

ca. 50 Stück | Zubereitungszeit: 25 Minuten | Kühlzeit: 1 Stunde | Backzeit: 10 Minuten

Teig
125 g Butter
200 g Mehl
1 TL Backpulver
125 g Zucker
1 Päckchen Vanillezucker

Die Butter in einer Pfanne schmelzen, dabei leicht bräunen. Vom Herd nehmen und abkühlen lassen.

Das Mehl mit Backpulver, Zucker und Vanillezucker mischen. Die flüssige Butter zugießen und alles zu einem Teig verkneten. Den Teig zu Rollen von 4 bis 5 cm Durchmesser formen, in Frischhaltefolie wickeln und für ca. 1 Stunde kalt stellen.

Den Backofen auf 200 °C vorheizen. Ein Backblech mit Backpapier auslegen. Von den Teigrollen Scheiben abschneiden und diese zu walnussgroßen Kugeln formen. Die Kugeln auf das Backblech legen und im Ofen (Mitte, Umluft 180 °C) etwa 10 Minuten backen, bis sie hellgelb sind.

Die Plätzchen mit dem Backpapier vorsichtig vom Blech ziehen und abkühlen lassen.

Schwarz-Weiß-Gebäck

Foto auf Seite 8

ca. 40 Stück | Zubereitungszeit: 40 Minuten | Kühlzeit: 90 Minuten | Backzeit: 10 Minuten

Teig
150 g Butter
150 g Puderzucker
2 Eier
1 Messerspitze Salz
300 g Mehl
abgeriebene Schale von 1 Bio-Zitrone
30 g Kakaopulver

Die Butter mit dem Puderzucker in einer Schüssel schaumig rühren. Ein Ei und das Salz hinzugeben und zum Schluss das gesiebte Mehl und die Zitronenschale unterheben. Den Teig in drei gleiche Stücke teilen, unter einen Teil möglichst rasch das Kakaopulver kneten. Die Teige 1 Stunde kalt stellen.

Jeweils ein helles und ein dunkles Teigstück etwa 8 mm dick auf einer bemehlten Arbeitsfläche möglichst exakt und gleichmäßig zu Rechtecken ausrollen und im Tiefkühlfach sehr fest werden lassen, aber nicht gefrieren.

Das zweite Ei trennen und das Eigelb mit etwas Wasser verrühren. Die gekühlten Teigplatten in 8 mm breite Streifen schneiden, die Teigstreifen mit dem Eigelb bepinseln und schachbrettartig zu einer Stange zusammensetzen: Für das Schachbrettmuster beispielsweise zunächst zwei dunkle und einen hellen Streifen mit etwas Eiweiß bestreichen und aneinander (dabei dunkler und heller Teig abwechselnd) legen. Darüber einen weiteren dunklen und zwei helle Streifen legen (wieder mit Eiweiß ankleben) – diese aber versetzt zur ersten Schicht. Dann die dritte Reihe wieder versetzt aufkleben. Dabei aufpassen, dass sich dunkle und helle Teige nicht vermischen.

Das übrige Stück hellen Teig zu einer 2 mm dicken Platte rechteckig ausrollen, mit Eigelb bestreichen. Die Schachbrettstange darauflegen und mit der Teigplatte umhüllen. Nochmals für 30 Minuten kühl stellen.

Den Backofen auf 175 °C vorheizen. Ein Backblech mit Backpapier auslegen. Vom Teig Scheiben von etwa 4 mm Dicke abschneiden. Die Scheiben auf das Blech legen und im Backofen (Mitte, Umluft 160 °C) 10 bis 15 Minuten backen. Der helle Teig sollte hell bleiben, sonst kommt das Schachbrettmuster nicht voll zur Geltung.

Elles Butterplätzchen

ca. 60 Stück | Zubereitungszeit: 40 Minuten | Kühlzeit: 1–2 Stunden | Backzeit: 5–7 Minuten

Teig
250 g Mehl
4 Eigelbe
abgeriebene Schale von ½ Bio-Zitrone
125 g Zucker
125 g Butter
1 EL Milch

außerdem
verschiedene Ausstechformen
Hagelzucker zum Bestreuen
Zuckerperlen
weiße Zuckerschrift (Fertigprodukt)

Das Mehl auf die Arbeitsfläche häufen, in die Mitte eine Mulde drücken. 3 Eigelbe und die Zitronenschale in die Mulde geben. Den Zucker dazugeben und die Butter in kleinen Flöckchen darüber verteilen.

Mit einem großen Messer alles gut durchhacken. Dann mit den Händen zu Bröseln reiben, anschließend rasch zu einem glatten Mürbeteig verkneten. In Frischhaltefolie wickeln und 1 bis 2 Stunden im Kühlschrank ruhen lassen.

Den Backofen auf 225 °C vorheizen. Ein Backblech mit Backpapier auslegen. Den Teig auf einer bemehlten Arbeitsfläche 2 bis 3 mm dick ausrollen. Plätzchen ausstechen und auf das Backblech legen.

Das restliche Eigelb mit der Milch verrühren. Die Plätzchen damit bestreichen und mit Hagelzucker bestreuen oder mit Zuckerperlen und Zuckerschrift verzieren. Im Backofen (Mitte, Umluft 200 °C) 5 bis 7 Minuten backen.

Spritzgebäck mit Schokolade

ca. 20 Stück | Zubereitungszeit: 45 Minuten | Kühlzeit: 1 Stunde | Backzeit: 15 Minuten

Teig

100 g Butter
100 g Zucker
1 Ei
100 g Mehl
100 g Speisestärke
2 EL Milch
30 g gemahlene geschälte Mandeln

Glasur

50 g Zartbitterschokolade
1 TL Butter

außerdem

100 g Orangenmarmelade zum Bestreichen
Spritzbeutel mit großer Sterntülle

Die Butter mit Zucker und Ei schaumig schlagen. Das Mehl sieben und mit der Speisestärke mischen, esslöffelweise mit der Milch unter die Buttermasse rühren. Die Mandeln unter den Teig mischen und abgedeckt 1 Stunde kühl stellen.

Den Backofen auf 170 °C vorheizen. Ein Backblech mit Backpapier auslegen. Den Teig in einen Spritzbeutel mit Sterntülle füllen und kleine Halbkreise auf das Backblech spritzen, dabei genügend Abstand lassen, weil die Plätzchen beim Backen aufgehen. Im Ofen (Mitte, Umluft 150 °C) ca. 15 Minuten hellgelb backen. Herausnehmen und abkühlen lassen.

Je zwei Plätzchen mit Marmelade bestreichen und zusammensetzen.

Die Schokolade mit 1 EL Wasser im Wasserbad schmelzen. Die Butter hinzugeben, in der warmen Schokolade unter Rühren schmelzen lassen und die Enden der Plätzchen eintauchen.

Spekulatius

ca. 40 Stück | Zubereitungszeit: 30 Minuten | Kühlzeit: 12 Stunden | Backzeit: 10–15 Minuten

Teig

250 g Mehl
1 TL Backpulver
120 g Zucker
1 Päckchen Vanillezucker
1 Ei
½ TL Zimtpulver
1 Messerspitze Nelkenpulver
1 Messerspitze Kardamompulver
1 Prise Salz
1 TL abgeriebene Bio-Zitronenschale
100 g Butter
50 g gemahlene Mandeln

außerdem

Spekulatiusformen

Mehl mit Backpulver mischen und in eine Schüssel sieben. In die Mitte eine Mulde drücken. Zucker, Vanillezucker, Ei, Gewürze, Salz und Zitronenschale hineingeben. Mit einem Teil des Mehls zu einem dicken Brei verrühren.

Die Butter in Stückchen auf den Mehlrand geben und die Mandeln darüberstreuen. Alles rasch verkneten und den Teig abgedeckt für mehrere Stunden (am besten über Nacht) kühl stellen.

Den Backofen auf 200 °C vorheizen. Ein Backblech mit Backpapier auslegen. Den Teig auf einer bemehlten Arbeitsfläche 3 bis 4 mm dick ausrollen und dünn mit Mehl bestäuben. Die bemehlten Spekulatiusformen in den Teig drücken und die Teigfiguren herausklopfen oder -schneiden. Die Plätzchen auf das Blech legen und im Ofen (Mitte, Umluft 150 °C) etwa 10 bis 15 Minuten backen.

Schmalznüsse

ca. 50 Stück | Zubereitungszeit: 1 Stunde | Kühlzeit: 1 Stunde | Backzeit: 10 Minuten

Teig
150 g Schweineschmalz
150 g Zucker
1 Päckchen Vanillezucker
250 g Mehl
50 g Speisestärke
1 TL Backpulver

Das Schmalz in einem Topf erwärmen, bis es flüssig ist. Etwas abkühlen lassen. Dann zusammen mit Zucker und Vanillezucker schaumig rühren.

Das Mehl mit der Speisestärke und dem Backpulver mischen, zur Schmalz-Zucker-Masse geben und unterkneten. Den Teig abgedeckt ca. 1 Stunde kühl stellen.

Den Backofen auf 200 °C vorheizen. Ein Backblech mit Backpapier auslegen. Den Teig zu Rollen von 2,5 cm Durchmesser formen.

Von den Teigrollen 1 cm dicke Scheiben abschneiden und zu walnussgroßen Kugeln formen. Die Kugeln in großen Abständen auf das Blech legen. Die Schmalznüsse im Ofen (Mitte, Umluft 180 °C) etwa 10 Minuten backen.

Schmalznüsse

Friesen-Halbmonde

ca. 50 Stück | Zubereitungszeit: 45 Minuten | Kühlzeit: 1 Stunde | Backzeit: 15–20 Minuten

Teig
300 g Mehl
½ TL Backpulver
90 g Zucker
1 Prise Salz
3 Eigelbe
200 g Butter

Füllung
½ Glas Pflaumenmus

außerdem
1 EL Milch zum Bestreichen
Hagelzucker zum Bestreuen
runde Ausstechform (ca. 6 cm Durchmesser)

Das Mehl mit Backpulver mischen und in eine Schüssel sieben. Zucker, Salz, 2 Eigelbe und die Butter in Flöckchen daraufgeben. Alles rasch zu einem glatten Teig verkneten, in Frischhaltefolie wickeln und etwa 1 Stunde kalt stellen.

Den Backofen auf 180 °C vorheizen. Ein Backblech mit Backpapier auslegen. Den Teig gut messerrückendick ausrollen und runde Plätzchen ausstechen.

Jeweils in die Mitte etwas Pflaumenmus geben und die Plätzchen zu Halbmonden zusammenklappen. Die offenen Ränder mit einer bemehlten Gabel zusammendrücken. Die Plätzchen auf das Blech legen.

Das übrige Eigelb mit Milch verrühren, die Halbmonde damit bestreichen und mit Hagelzucker bestreuen. Im Backofen (Mitte, Umluft 160 °C) 15 bis 20 Minuten backen.

Walnusstörtchen

ca. 25 Stück | Zubereitungszeit: 50 Minuten | Kühlzeit: 1 Stunde | Backzeit: 10–15 Minuten

Teig
250 g Mehl
100 g Rohrohrzucker
100 g gemahlene Walnüsse
150 g Butter
1 Ei

Glasur
100 g dunkle Kuvertüre

außerdem
150 g Aprikosenkonfitüre zum Bestreichen
ca. 25 Walnusshälften zum Verzieren
runde Ausstechform

Mehl, Zucker und die gemahlenen Nüsse mischen, die Butter in Flöckchen und das Ei hinzufügen, rasch zu einem glatten Teig verkneten. Den Teig in Frischhaltefolie wickeln und 1 Stunde im Kühlschrank ruhen lassen.

Den Backofen auf 200 °C vorheizen. Ein Backblech mit Backpapier auslegen. Den Teig auf einer bemehlten Arbeitsfläche ausrollen, 50 runde Plätzchen ausstechen und im Backofen (Mitte, Umluft 180 °C) 10 bis 15 Minuten backen.

Je zwei Plätzchen mit Konfitüre bestreichen und zusammensetzen.

Die Kuvertüre im Wasserbad schmelzen, die Plätzchen auf der Oberseite damit bestreichen und mit je 1 Walnusshälfte verzieren.

Nougatsterne

ca. 30 Stück | Zubereitungszeit: 1 Stunde | Kühlzeit: 2 Stunden | Backzeit: 10–15 Minuten

Teig

125 g Butter
100 g Vollmilchschokolade
50 g Zucker
250 g Mehl
1 Ei
1 EL Instantkaffeepulver

Füllung und Glasur

100 g Nussnougatcreme
200 g weiße Kuvertüre

außerdem

ca. 30 geschälte Haselnüsse zum Verzieren
Stern-Ausstechform

Die Butter zusammen mit der Schokolade im Wasserbad schmelzen. Zucker, Mehl, Ei und Kaffeepulver hinzufügen und zu einem glatten Teig verkneten. Abgedeckt mindestens 2 Stunden im Kühlschrank ruhen lassen.

Den Backofen auf 175 °C vorheizen. Ein Backblech mit Backpapier auslegen. Den Teig auf einer bemehlten Arbeitsfläche dünn ausrollen und 60 große Sterne ausstechen. Im Backofen (Mitte, Umluft 160 °C) 10 bis 15 Minuten backen.

Je zwei Sterne mit etwas Nussnougatcreme zusammensetzen und fest werden lassen. Die Kuvertüre im Wasserbad schmelzen und die Sterne auf der Oberseite damit bestreichen. Mit je 1 Haselnuss verzieren.

Trüffelbissen

Foto auf Seite 41

ca. 25 Stück | Zubereitungszeit: 50 Minuten | Backzeit: 20–30 Minuten

Teig
3 Eiweiße
125 g Zucker
200 g gemahlene Mandeln
2 EL Mehl

Füllung
100 g Zartbitterschokolade
1–2 EL Weinbrand
1 Eigelb
50 g Butter
50 g Puderzucker

außerdem
100 g Kuvertüre zum Verzieren
Spritzbeutel mit mittlerer und feiner Lochtülle

Die Eiweiße zu steifem Schnee schlagen, dabei den Zucker einrieseln lassen. Die Mandeln und das Mehl unterheben.

Den Backofen auf 150 °C vorheizen. Ein Backblech mit Backpapier auslegen. Die Masse in einen Spritzbeutel mit mittlerer Lochtülle füllen und 50 runde Plätzchen auf das Backblech spritzen. Eventuell etwas flach streichen. Im Backofen (Mitte, Umluft 130 °C) 20 bis 30 Minuten backen.

Die Schokolade im Wasserbad schmelzen. Nacheinander die restlichen Zutaten für die Füllung zugeben und zu einer glatten Masse verrühren. Die Masse abkühlen lassen, bis sie gerade noch streichfähig ist.

Je zwei Mandelplätzchen mit der Trüffelmasse zusammensetzen. Die Kuvertüre im Wasserbad schmelzen, in einen Spritzbeutel mit feiner Lochtülle füllen und die Trüffelbissen damit verzieren.

Mandelküsschen

Foto auf Seite 41

ca. 40 Stück | Zubereitungszeit: 30 Minuten | Kühlzeit: 1 Stunde | Backzeit: 25 Minuten

Teig

250 g Mehl
3 Eigelbe
60 g Zucker
1 Päckchen Vanillezucker
120 g Butter

Belag

4 Eiweiße
170 g Zucker
50 g Speisestärke
60 g gemahlene Mandeln
60 g gemahlene Haselnüsse

Glasur

150 g Puderzucker
4 EL Zitronensaft

außerdem

100 g Himbeerkonfitüre zum Bestreichen
Mond-Ausstechform

Das Mehl in eine Schüssel sieben. Eigelbe, Zucker, Vanillezucker und Butter in Flöckchen hinzufügen, rasch zu einem Mürbeteig verkneten. Den Teig in Frischhaltefolie wickeln und für 30 Minuten kühl stellen.

Den Backofen auf 180 °C vorheizen. Ein Backblech mit Backpapier belegen. Den Teig auf einer bemehlten Arbeitsplatte dünn ausrollen und auf das Backblech legen. Im Backofen (Mitte, Umluft 160 °C) kurz hellgelb anbacken und für 30 Minuten kühl stellen. Dann mit der Himbeerkonfitüre bestreichen.

Den Backofen auf 170 °C einstellen. Eiweiße, Zucker, Speisestärke, Mandeln und Haselnüsse zu einer cremigen Masse rühren, auf die Himbeerkonfitüre streichen und den Teig im Backofen (Mitte, Umluft 150 °C) 10 bis 15 Minuten backen.

Puderzucker mit Zitronensaft verrühren und auf das noch heiße Gebäck streichen. Mit der Ausstechform vorsichtig Monde ausstechen. Die Ausstechform dabei häufig in heißes Wasser tauchen.

Christas Marzipanschiffchen

ca. 45 Stück | Zubereitungszeit: 1 Stunde | Kühlzeit: 30 Minuten | Backzeit: 10 Minuten

Teig
200 g Mehl
75 g Zucker
1 Prise Salz
1 Ei
125 g Butter

Belag
250 g Marzipanrohmasse

Glasur
150 g dunkle Kuvertüre

außerdem
100 g Quittengelee zum Bestreichen
ca. 45 Walnusshälften zum Verzieren
ovale Ausstechform

Das Mehl in eine Schüssel sieben. Zucker, Salz, Ei und Butter in Flöckchen hinzufügen, rasch zu einem Mürbeteig verkneten. In Frischhaltefolie wickeln und ca. 30 Minuten kühl stellen.

Den Backofen auf 180 °C vorheizen. Ein Backblech mit Backpapier auslegen. Den Teig auf einer bemehlten Arbeitsfläche 3 bis 4 mm dick ausrollen. Plätzchen ausstechen und auf das Backblech legen. Im Backofen (Mitte, Umluft 160 °C) 10 Minuten backen.

Die Marzipanrohmasse zwischen 2 Lagen Backpapier 3 bis 4 mm dick ausrollen und etwa 45 ovale Marzipanplätzchen ausstechen. Jeweils ein Teigplätzchen mit etwas Gelee bestreichen und ein Marzipanplätzchen daraufsetzen.

Die Kuvertüre im Wasserbad schmelzen und die Plätzchen damit bestreichen oder zur Hälfte darin eintauchen, mit je 1 Walnusshälfte verzieren.

Canachéplätzchen

ca. 40 Stück | Zubereitungszeit: 30 Minuten | Kühlzeit: 30 Minuten | Backzeit: 10–15 Minuten

Teig
150 g Mehl
50 g Zucker
1 Ei
100 g Butter

Belag
250 g Sahne
500 g dunkle Kuvertüre
1–2 EL Weinbrand

außerdem
ca. 40 Mokkabohnen zum Verzieren
runde Ausstechform
Spritzbeutel mit mittlerer Sterntülle

Das Mehl in eine Schüssel sieben. Zucker, Ei und Butter in Flöckchen hinzufügen. Alles rasch zu einen Mürbeteig verkneten und abgedeckt für 30 Minuten kühl stellen.

Die Sahne aufkochen. Die Kuvertüre hacken und dazugeben, nochmals aufkochen lassen. Dann den Weinbrand unterrühren. Die Schokoladenmasse nach dem Aufkochen kalt rühren.

Eine Arbeitsfläche mit Mehl bestreuen, den Mürbeteig gleichmäßig dünn ausrollen und runde Plätzchen ausstechen.

Den Backofen auf 175 °C vorheizen. Ein Backblech mit Backpapier auslegen, die Plätzchen darauflegen und im Backofen (Mitte, Umluft 160 °C) 10 bis 15 Minuten goldgelb backen. Anschließend vollständig abkühlen lassen.

Mit einem Spritzbeutel mit Sterntülle die noch weiche Canachémasse rosettenartig auf die Plätzchen spritzen und mit je einer Mokkabohne verzieren.

Zarte Zimtbissen

ca. 40 Stück | Zubereitungszeit: 1 Stunde | Kühlzeit: 2 Stunden | Backzeit: 15 Minuten

Teig

150 g Butter
100 g Puderzucker
40 g Marzipanrohmasse
1 Ei
1 Eigelb
150 g gemahlene Haselnüsse
240 g Mehl
1 TL Zimtpulver
1 Messerspitze Salz

Füllung

200 g Nussnougatcreme

außerdem

1 Eigelb
3 EL Sahne zum Bestreichen
100 g Hagelzucker zum Bestreuen
100 g dunkle Kuvertüre zum Verzieren
runde Ausstechform (3 cm Durchmesser)
Spritzbeutel mit feiner Lochtülle

Die Butter mit Puderzucker und Marzipan schaumig rühren. Das Ei und das Eigelb hinzugeben und weiterrühren.

Die Haselnüsse in einer Pfanne ohne Fettzugabe kurz rösten. Mehl, Haselnüsse, Zimt und Salz unter die Buttermasse heben, kurz verkneten und abgedeckt im Kühlschrank für 2 Stunden kalt stellen.

Die Arbeitsfläche mit etwas Mehl bestreuen, den Teig portionsweise 4 bis 5 mm dick ausrollen und etwa 80 runde Plätzchen ausstechen.

Den Backofen auf 175 °C vorheizen. Ein Backblech mit Backpapier auslegen. Die Plätzchen auf das Backblech legen. Eigelb und Sahne verrühren und die Plätzchen damit bestreichen. Die Hälfte der Plätzchen mit Hagelzucker bestreuen. Im Backofen (Mitte, Umluft 160 °C) 15 Minuten backen.

Nach dem Auskühlen je ein Hagelzuckerplätzchen und ein einfaches Plätzchen mit etwas Nussnougatcreme zusammensetzen. Die Kuvertüre im Wasserbad schmelzen, in einen Spritzbeutel mit feiner Lochtülle füllen und die Plätzchen damit verzieren.

Vanille-Zitrus-Sterne

ca. 70 Stück | Zubereitungszeit: 1 Stunde | Kühlzeit: 1 Stunde | Backzeit: 10 Minuten

Teig

400 g Mehl
200 g Butter
120 g Zucker
2 Eier
abgeriebene Schale von 2 Bio-Zitronen
Mark von 2 Vanilleschoten
3–4 TL Zitronensaft
1 Prise Salz

außerdem

2 Eigelbe
2 EL Sahne zum Bestreichen
100 g Hagelzucker zum Bestreuen
Stern-Ausstechform

Das Mehl in eine Schüssel sieben. Die Butter in Flöckchen darüberverteilen. Zucker, Eier, Zitronenschale, Vanillemark, Zitronensaft und Salz hinzufügen und alles rasch zu einem glatten Teig verkneten. Den Teig in Frischhaltefolie wickeln und im Kühlschrank etwa 1 Stunde ruhen lassen.

Den Backofen auf 200 °C vorheizen. Ein Backblech mit Backpapier auslegen. Die Arbeitsplatte mit Mehl bestreuen und den Teig darauf etwa 4 bis 5 mm dick ausrollen. Mit der Ausstechform Sterne ausstechen und auf das Backblech legen.

Die Eigelbe mit der Sahne verrühren, die Sterne damit bestreichen und mit Hagelzucker bestreuen. Im Ofen (Mitte, Umluft 180 °C) 10 Minuten hellbraun backen.

Karlsbader Zitronenringe

ca. 35 Stück | Zubereitungszeit: 1 Stunde | Kühlzeit: 1 Stunde | Backzeit: 8–10 Minuten

Teig
150 g Butter
100 g Zucker
abgeriebene Schale von 1 Bio-Zitrone
1 TL Zitronensaft
100 g gemahlene geschälte Mandeln
150 g Mehl

Glasur
100 g Puderzucker
2 EL Zitronensaft

außerdem
100 g Johannisbeergelee zum Bestreichen
runde Ausstechform
Ring-Ausstechform

Die Butter mit dem Zucker schaumig rühren. Zitronenschale und -saft, Mandeln und Mehl hinzufügen und gut verkneten. Den Teig abgedeckt 1 Stunde kühl stellen.

Den Backofen auf 200 °C vorheizen. Ein Backblech mit Backpapier auslegen. Den Teig auf einer bemehlten Arbeitsfläche dünn ausrollen und gleich viele runde Plätzchen und Ringe ausstechen.

Plätzchen und Ringe auf das Blech legen und im Backofen (Mitte, Umluft 180 °C) 8 bis 10 Minuten backen. Abkühlen lassen.

Puderzucker und Zitronensaft verrühren und die Ringe damit bestreichen. Die ganzen Plätzchen mit Johannisbeergelee bestreichen und die Ringe daraufsetzen.

Rumbrezeln

Foto auf Seite 53

ca. 50 Stück | Zubereitungszeit: 40–50 Minuten | Kühlzeit: 30 Minuten | Backzeit: 15–20 Minuten

Teig
250 g Mehl
½ TL Backpulver
150 g Butter
125 g Zucker
1 Ei
1 Prise Salz
1 Päckchen Vanillezucker
2 EL Rum

Glasur
150 g dunkle Kuvertüre

Das Mehl mit Backpulver mischen und in eine Schüssel sieben. Die Butter in kleinen Flöckchen auf dem Mehl verteilen. Zucker, Ei, Salz, Vanillezucker und Rum hinzufügen und rasch zu einem glatten Teig kneten. Den Teig in Frischhaltefolie wickeln und ca. 30 Minuten im Kühlschrank ruhen lassen.

Den Backofen auf 175 °C vorheizen. Ein Backblech mit Backpapier auslegen. Auf einer bemehlten Arbeitsfläche aus dem Teig dünne Rollen von 10 bis 12 cm Länge formen. Die Rollen zu Brezeln schlingen und auf das Backblech legen. Im Ofen (Mitte, Umluft 160 °C) 15 bis 20 Minuten backen.

Die Kuvertüre im Wasserbad schmelzen und die Brezeln damit bestreichen.

Schokoladen-Ingwer-Sablés

Foto auf Seite 53

ca. 40 Stück | Zubereitungszeit: 30 Minuten | Backzeit: 20 Minuten

Teig

300 g Zartbitterschokolade
120 g kandierter Ingwer
120 g Butter
180 g Zucker
4 Eier
200 g gemahlene Haselnüsse
250 g Mehl

außerdem

Butter für das Blech

Die Schokolade raspeln, den Ingwer fein hacken. Die Butter mit dem Zucker schaumig rühren, dabei nach und nach die Eier hinzugeben. Geriebene Schokolade und gehackten Ingwer mit den Nüssen unter die Buttercreme rühren. Das Mehl sieben und sorgfältig unterheben.

Den Backofen auf 180 °C vorheizen. Ein Backblech mit Butter bestreichen. Die Teigmasse gleichmäßig daraufstreichen und im Backofen (Mitte, Umluft 160 °C) 20 Minuten backen.

Noch warm in beliebig große Stücke schneiden.

Sablé ist der französische Begriff für ein zartes Buttergebäck, das ursprünglich aus der Normandie kommt. Meistens wird es mit Mandeln, Zitrone oder Orange verfeinert.

Ingwerstäbchen

ca. 80 Stück | Zubereitungszeit: 40–50 Minuten | Kühlzeit: 30 Minuten | Backzeit: 10–15 Minuten

Teig

250 g Mehl
½ TL Backpulver
125 g Butter
125 g Zucker
1 Ei
1 Prise Salz
1 TL Ingwerpulver

außerdem

1 Eigelb zum Bestreichen
kandierter oder eingelegter Ingwer zum Verzieren

Das Mehl mit dem Backpulver mischen. Die Butter in kleinen Flöckchen darauf verteilen. Zucker, Ei, Salz und Ingwerpulver hinzufügen und alles zu einem glatten Teig verkneten. Den Teig in Frischhaltefolie wickeln und 30 Minuten im Kühlschrank ruhen lassen.

Den Backofen auf 175 °C vorheizen. Ein Backblech mit Backpapier auslegen. Den Teig auf einer bemehlten Arbeitsfläche ausrollen und in 2x6 cm große Streifen schneiden. Die Streifen auf das Backblech legen.

Das Eigelb verquirlen, den Ingwer in kleine Würfel schneiden. Die Teigstreifen mit dem Eigelb bestreichen und mit den Würfeln bestreuen. Im Backofen (Mitte, Umluft 160 °C) 10 bis 15 Minuten backen.

Orangen-Schokoladen-Plätzchen

ca. 40 Stück | Zubereitungszeit: 100 Minuten | Kühlzeit: 90 Minuten | Backzeit: 15–20 Minuten

Teig

250 g Mehl
1 TL Backpulver
125 g Butter
125 g Zucker
1 Ei
2 EL Orangenmarmelade
1 EL Orangenlikör
50 g Zartbitterschokolade
1 EL Milch

Das Mehl mit dem Backpulver mischen und in eine Schüssel sieben. Die Butter in Flöckchen darüber verteilen, Zucker und Ei hinzufügen und zu einem glatten Teig verarbeiten. Den Teig halbieren. Eine Hälfte rasch mit Orangenmarmelade und Orangenlikör verkneten. Den Teig in Frischhaltefolie wickeln und 30 Minuten kühl stellen.

Inzwischen die Schokolade hacken und im Wasserbad mit der Milch schmelzen lassen. Die Schokoladenmasse etwas abkühlen lassen und dann zur zweiten Teighälfte geben und unterkneten. Den Teig ebenfalls in Frischhaltefolie wickeln und 30 Minuten kühl stellen.

Die Arbeitsfläche mit etwas Mehl bestreuen und den Schokoladenteig etwa 5 mm dick rechteckig darauf ausrollen. Den Orangenteig zu einer Rolle formen und in den Schokoladenteig einrollen. Das Ganze nochmals etwa 30 Minuten kühl stellen.

Den Backofen auf 175 °C vorheizen. Ein Backblech mit Backpapier auslegen. Die Orangen-Schoko-Teigrolle mit einem scharfen Messer in 5 mm dicke Scheiben schneiden, diese auf das Backblech legen und im Ofen (Mitte, Umluft 160 °C) 15 bis 20 Minuten backen.

Lauras Rummonde

ca. 70 Stück | Zubereitungszeit: 40–50 Minuten | Backzeit: 15 Minuten

Teig

140 g dunkle Kuvertüre
200 g Butter
6 Eier
200 g Zucker
160 g Mehl
140 g gemahlene Nüsse

Glasur

250 g Puderzucker
4 EL Rum

außerdem

Butter für das Blech
Mond-Ausstechform (ca. 5 cm Durchmesser)

Den Backofen auf 180 °C vorheizen. Ein Backblech mit Butter einfetten.

Die Kuvertüre grob hacken und zusammen mit der Butter im Wasserbad schmelzen. Die Eier mit dem Zucker schaumig schlagen. Dabei die Schokoladen-Butter-Mischung nach und nach zugeben. Das Mehl sieben, mit den gemahlenen Nüssen mischen und unterrühren.

Den Teig auf das Backblech streichen und im Backofen (Mitte, Umluft 160 °C) ca. 15 Minuten backen.

Den Puderzucker mit dem Rum zu einer dickflüssigen Masse verrühren. Den Kuchen noch warm mit der Glasur bestreichen und sofort Halbmonde ausstechen.

Orangenmakronen

ca. 50 Stück | Zubereitungszeit: 90 Minuten | Backzeit: 15–20 Minuten

Teig
3 sehr frische Eiweiße
250 g Zucker
250 g gemahlene Mandeln
2 TL Orangenlikör

Glasur
50 g Puderzucker
2 EL Orangenlikör

außerdem
1 unbehandelte Orange
ca. 50 runde Backoblaten
(5 cm Durchmesser)

Den Backofen auf 150 °C vorheizen. Ein Backblech mit Backpapier auslegen. Die Eiweiße steif schlagen, dabei den Zucker langsam einrieseln lassen. Die Mandeln und den Orangenlikör mit einem Löffel oder Gummischaber vorsichtig unterziehen.

Mit zwei Teelöffeln kleine Häufchen auf die Backoblaten setzen. Die Makronen auf das Backblech legen und im Ofen (Mitte, Umluft 130 °C) 15 bis 20 Minuten goldgelb backen.

Den Puderzucker mit dem Orangenlikör glatt rühren und jeweils einen dicken Klecks auf die Makronen geben. Mit einem Juliennereißer oder einem Messer sehr feine Streifen von der Orangenschale abziehen und diese auf die Glasur streuen.

Tipp Für Makronen muss der Eischnee besonders steif sein, damit die Plätzchen nicht zerlaufen. Verwenden Sie daher nur ganz frische Eier – die ergeben automatisch einen festeren Eischnee – und machen Sie zur Probe auf der Oberfläche des Eischnees mit einem Messer einen Schnitt. Wenn der Schnitt sichtbar bleibt, ist der Schnee fest genug.

Lolas Zimtmakronen

ca. 60 Stück | Zubereitungszeit: 20 Minuten | Backzeit: 15–20 Minuten

Teig
3 sehr frische Eiweiße
200 g Zucker
200 g gemahlene Haselnüsse
abgeriebene Schale von ½ Bio-Zitrone
½ TL Zimtpulver

Den Backofen auf 150 °C vorheizen. Ein Backblech mit Backpapier auslegen.

Die Eiweiße steif schlagen, dabei den Zucker einrieseln lassen. Die gemahlenen Haselnüsse mit der Zitronenschale und dem Zimt mischen. Mit einem Löffel oder einem Gummischaber vorsichtig unterziehen.

Mit zwei Teelöffeln kleine Häufchen auf das Backblech setzen. Im Backofen (Mitte, Umluft 130 °C) etwa 20 Minuten backen.

Johannes' Schokoladenkuchen

ca. 40 Stück | Zubereitungszeit: 100 Minuten | Backzeit: 20 Minuten

Teig

250 g Vollmilchschokolade
250 g Butter
150 g Zucker
6 Eier
100 g Mehl
250 g gemahlene Mandeln
1 TL Lebkuchengewürz

Glasur

200 g dunkle Schokoladenglasur

außerdem

ca. 40 geschälte halbierte Mandeln zum Verzieren
Butter für das Blech

Den Backofen auf 180 °C vorheizen. Ein Backblech mit Butter einfetten. Die Schokolade fein reiben.

Die Butter mit dem Zucker schaumig rühren, dabei nach und nach die Eier zugeben und unterrühren. Mehl, Mandeln, Lebkuchengewürz und geriebene Schokolade hinzufügen und unterrühren.

Die Teigmasse auf das Blech streichen und im Backofen (Mitte, Umluft 160 °C) ca. 20 Minuten backen.

Den Kuchen noch warm in kleine Würfel (ca. 3x3 cm) schneiden und abkühlen lassen.

Die Schokoladenglasur nach Packungsanweisung erwärmen. Die Kuchenwürfel mit der Glasur bestreichen und mit je 1 halbierten Mandel verzieren.

Basler Leckerli

Foto auf Seite 76

ca. 60 Stück | Zubereitungszeit: 1 Stunde | Ruhezeit: 12 Stunden | Backzeit: 20–25 Minuten

Teig
250 g Honig
125 g Zucker
1 EL Zimtpulver
1 TL Nelkenpulver
1 Messerspitze geriebene Muskatnuss
60 g Zitronat
60 g Orangeat
150 g Mandeln
½ TL Pottasche
4 EL Kirschwasser
350 g Mehl

Glasur
150 g Puderzucker

Den Honig in einem kleinen Topf bei schwacher Hitze erwärmen. In eine Schüssel geben, mit Zucker und Gewürzen verrühren. Zitronat, Orangeat und Mandeln nacheinander zugeben und unterrühren.

Die Pottasche in 2 EL Kirschwasser auflösen und zusammen mit dem Mehl zur Honigmischung geben. Alles zu einem glatten Teig verarbeiten und diesen mindestens 12 Stunden (am besten über Nacht) ruhen lassen.

Den Backofen auf 175 °C vorheizen. Ein Backblech mit Backpapier ausgelegen.

Die Arbeitsfläche mit etwas Mehl bestreuen, den Teig darauf etwa 1 cm dick ausrollen und in kleine Rechtecke schneiden. Die Rechtecke auf das Backblech legen und im Ofen (Mitte, Umluft 160 °C) 20 bis 25 Minuten backen.

Den Puderzucker mit dem restlichen Kirschwasser glatt verrühren und die noch warmen Leckerli damit bestreichen.

Weiße Pfeffernüsse

Foto auf Seite 76

ca. 45 Stück | Zubereitungszeit: 75 Minuten | Backzeit: 15 Minuten

Teig
500 g Mehl
3 TL Backpulver
325 g Zucker
abgeriebene Schale von 1 Bio-Zitrone
1 EL Zimtpulver
1 TL Kardamompulver
1 TL Ingwerpulver
1 TL Nelkenpulver
1 Prise Salz
2 Eier
6 EL Milch
50 g gemahlene geschälte Mandeln
50 g fein gehacktes Zitronat

Glasur
250 g Puderzucker
3–4 EL Zitronensaft oder Rum

außerdem
bunte Zuckerperlen zum Verzieren

Den Backofen auf 175 °C vorheizen. Ein Backblech mit Backpapier auslegen. Mehl und Backpulver mischen und in eine Schüssel sieben. Alle übrigen Zutaten hinzufügen und zu einem glatten Teig verkneten.

Den Teig zu Rollen formen, davon Scheiben abschneiden und diese zu walnussgroßen Kugeln formen. Die Kugeln auf das Backblech legen und im Ofen (Mitte, Umluft 160 °C) 15 Minuten backen.

Den Puderzucker mit Zitronensaft oder Rum glatt verrühren, die noch heißen Pfeffernüsse damit bestreichen und mit Zuckerperlen bestreuen.

Gefüllte Honigkuchen

ca. 30 Stück | Zubereitungszeit: 75 Minuten | Kühlzeit: 1 Stunde | Backzeit: 30–40 Minuten

Teig

200 g Honig
75 g Butter
125 g Zucker
1 Ei | 1 Prise Salz
1 EL Rum
2 TL Zimt
½ TL Nelkenpulver
abgeriebene Schale von 1 Bio-Zitrone
400 g Mehl
1 gehäufter TL Backpulver

Füllung

100 g Zartbitterschokolade
700 g Honig
250 g gemahlene Haselnüsse
2 EL Rum
200 g Rosinen

Glasur

200 g Puderzucker
1 Eiweiß
Saft von ½ Zitrone

Für den Teig Honig, Butter und Zucker in einen kleinen Topf geben und bei schwacher Hitze unter Rühren erwärmen. Die dickflüssige Masse in eine Schüssel geben und mit Ei, Salz, Rum, den Gewürzen und der Zitronenschale verrühren.

Das Mehl mit dem Backpulver mischen und mit der Honigmasse zu einem glatten Teig verkneten. Abgedeckt für mindestens 1 Stunde kalt stellen.

Den Backofen auf 180 °C vorheizen. Ein Backblech mit Backpapier auslegen. Den Teig in Blechgröße dünn ausrollen und halbieren.

Für die Füllung die Schokolade fein reiben. Den Honig unter Rühren erwärmen, bis er flüssig ist. Etwas abkühlen lassen und dann Schokolade, Haselnüsse, Rum und Rosinen daruntermischen.

Eine Teigplatte auf das Backblech legen und die noch warme Honigmasse darauf streichen. Die zweite Teigplatte vorsichtig darauf legen. Den Honigkuchen im Backofen (Mitte, Umluft 160 °C) 30 bis 40 Minuten backen.

Für die Glasur den Puderzucker mit Eiweiß und Zitronensaft verrühren. Den noch warmen Honigkuchen in Rechtecke schneiden und mit der Glasur bestreichen.

Dresdner Christstollen

Für 1 Stollen (ca. 24 Scheiben) | Zubereitungszeit: 2 Stunden | Gehzeit: 90 Minuten | Ruhezeit: 12 Stunden | Backzeit: 90 Minuten

Teig

1 kg Mehl | 1 TL Salz
1 Würfel frische Hefe (42 g)
250 ml lauwarme Milch
250 g Butter
150 g Schweineschmalz
2 Eigelbe | 150 g Zucker
abgeriebene Schale von 1 Bio-Zitrone
500 g Rosinen | 125 g Zitronat
200 g gehackte Mandeln

außerdem

150 g Butter zum Bestreichen
150 g Puderzucker zum Bestäuben

Das Mehl mit dem Salz mischen, in eine Schüssel sieben und in die Mitte eine Vertiefung drücken. Die Hefe hineinbröckeln und mit der Hälfte der Milch verrühren. Mit einem Tuch abdecken und an einem warmen Ort 30 Minuten gehen lassen.

Butter und Schmalz in der restlichen, noch warmen Milch schmelzen lassen und zum Teig geben. Eigelbe, Zucker und Zitronenschale miteinander verrühren, hinzufügen und den Teig mit den Knethaken einer Küchenmaschine oder mit einem Holzlöffel so lange schlagen, bis er sich vom Schüsselboden löst. Abgedeckt an einem warmen Ort gut 1 Stunde gehen lassen.

Die Rosinen waschen und trocken tupfen. Das Zitronat fein hacken. Mandeln, Zitronat und Rosinen unter den Teig kneten. Den Stollenteig zu einer runden Platte ausrollen und von beiden Seiten so übereinander schlagen, dass eine Stollenform entsteht. Den Stollen leicht zusammendrücken und 12 Stunden (am besten über Nacht) an einem kühlen Ort ruhen lassen.

Den Backofen auf 190 °C vorheizen. Ein Backblech mit Backpapier auslegen. Den Stollen bei Zimmertemperatur nochmals etwa 10 bis 15 Minuten gehen lassen und im Backofen (unten, Umluft 170 °C) 75 bis 90 Minuten braun backen.

Die Butter in einem kleinen Topf zerlassen. Den noch warmen Stollen dünn mit Butter bestreichen und mit etwas Puderzucker bestäuben. Abkühlen lassen. So fortfahren, bis Butter und Puderzucker aufgebraucht sind.

Kokos-Früchte-Stollen

Für 1 Stollen (ca. 18 Scheiben) | Zubereitungszeit: 90 Minuten | Gehzeit: 1 Stunde | Backzeit: 40 Minuten

Teig
500 g Mehl
1 Würfel frische Hefe (42 g)
100 g Zucker
125 ml lauwarme Milch
1 Ei | 100 g Kokosraspel
150 g Butter

Füllung
50 g grob gehackte Mandeln
50 g grob gehackte Haselnüsse
100 g klein geschnittene Backpflaumen
50 g klein geschnittene getrocknete Aprikosen
100 g Marzipanrohmasse
50 g Kokosraspel
100 g Sahne

außerdem
100 g Butter zum Bestreichen
150 g Kokosraspel zum Bestreuen

Das Mehl in eine Schüssel sieben, in die Mitte eine Mulde drücken. Die Hefe mit 1 TL Zucker und 2 EL lauwarmer Milch verrühren und in die Vertiefung gießen, mit etwas Mehl verrühren. Abgedeckt an einem warmen Ort 10 Minuten gehen lassen.

Den Vorteig zusammen mit der restlichen Milch, Zucker, Ei, Kokosraspel und Butter zu einem glatten Teig verkneten. Den Teig abgedeckt an einem warmen Ort etwa 45 Minuten gehen lassen.

Für die Füllung die Mandeln mit Haselnüssen, Backpflaumen, Aprikosen, Marzipanrohmasse, Kokosraspel und Sahne verkneten.

Den Backofen auf 180 °C vorheizen. Ein Backblech mit Backpapier belegen. Den Teig zu einem Rechteck ausrollen, bei dem die Längsseiten dicker sind. Die Marzipan-Nuss-Masse auf den Teig streichen und die Längsseiten übereinander klappen.

Den Stollen auf das Backblech legen, im Ofen (Mitte, Umluft 160 °C) etwa 40 Minuten backen. Die Butter in einem kleinen Topf zerlassen. Den noch warmen Stollen mit der Butter bestreichen und mit Kokosraspeln bestreuen.

Marzipan-Nuss-Stollen

Für 1 Stollen (ca. 20 Scheiben) | Zubereitungszeit: 90 Minuten | Gehzeit: 1 Stunde | Backzeit: 30 Minuten

Teig
1 Würfel frische Hefe (42 g)
200 ml lauwarme Milch
500 g Mehl | 100 g Butter
70 g Zucker | ½ TL Salz
abgeriebene Schale von 1 Bio-Zitrone
2 Eier

Füllung
100 g Marzipanrohmasse
100 g Rohrohrzucker
100 g gemahlene Haselnüsse
2 Eiweiße | 2 EL Rum
½ TL Zimtpulver | 1 Eigelb
1 EL Wasser

Glasur
120 g Puderzucker
1–2 EL Zitronensaft

außerdem
50 g Haselnusskrokant zum Bestreuen

Die Hefe in die Milch bröckeln und mit je 1 Prise Mehl und Zucker verrühren. Abgedeckt an einem warmen Ort 5 bis 10 Minuten gehen lassen.

Das Mehl in eine Schüssel sieben. Die Butter zerlassen und mit Zucker, Salz, Zitronenschale, Eiern und Hefemilch dem Mehl zufügen, alles gut durchkneten. Den Teig abgedeckt an einem warmen Ort bis zur doppelten Größe aufgehen lassen.

Für die Füllung Marzipan, Zucker, Haselnüsse, Eiweiße, Rum und Zimt verrühren. Den aufgegangenen Teig etwa 45 x 45 cm groß ausrollen, die Marzipanmasse darauf streichen, die Ränder dabei frei lassen. Eigelb mit Wasser verquirlen, die Ränder damit bestreichen und gut zusammendrücken.

Den Backofen auf 200 °C vorheizen. Ein Backblech mit Backpapier auslegen. Den Stollen auf das Backblech legen. Die Oberfläche mehrmals schräg einschneiden und an einem warmen Ort abgedeckt nochmals etwa 15 Minuten gehen lassen. Dann im Ofen (Mitte, Umluft 180 °C) etwa 30 Minuten backen. 10 Minuten vor Ende der Backzeit mit dem restlichen Eigelb bestreichen.

Den Puderzucker mit Zitronensaft glatt verrühren, den Stollen damit bestreichen und mit Haselnusskrokant bestreuen.

Alphabetisches Rezeptregister

Zu den Backtemperaturen

Die in den Rezepten angegebenen Backtemperaturen müssen für ein gutes Backergebnis eingehalten werden. Um zu überprüfen, ob Ihr Backofen tatsächlich auf die am Schalter eingestellte Temperatur aufheizt, sollten Sie ein Ofenthermometer benutzen, denn viele Backöfen, besonders ältere Modelle, erreichen nicht die gewünschte Temperatur.

Die Abkürzungen in diesem Buch

g	Gramm
kg	Kilogramm (1 kg = 1000 g)
cm	Zentimeter
ml	Milliliter
l	Liter (1 l = 1000 ml)
TL	Teelöffel
EL	Esslöffel
Msp.	Messerspitze
Ø	Durchmesser
°C	Grad Celsius

Kleine Umrechnungstabelle

Esslöffelmaße: es sind immer gestrichene Maße gemeint

1 EL Butter/Margarine	ca. 10 g
1 EL Öl	ca. 10 g
1 EL Flüssigkeit	ca. 10 ml
1 EL Speisestärke	ca. 8 g
1 EL Mehl	ca. 10 g
1 EL Zucker	ca. 15 g
1 EL geriebene Nüsse	ca. 20 g

Teelöffelmaße: es sind immer gestrichene Maße gemeint

1 TL Butter/Margarine	ca. 5 g
1 TL Öl	ca. 5 g
1 TL Backpulver	ca. 3 g
1 TL Speisestärke	ca. 3 g
1 TL Mehl	ca. 5 g
1 TL Zucker	ca. 8 g
1 TL Salz	ca. 8 g

Für Elisabeth

ISBN 978-3-8094-4639-2

1. Auflage

Fotos und Foodstyling Karl Newedel, München
Umschlaggestaltung dieser Auflage: Timo Wenda
Layout und Satz: Sandra Kaletka, Mundelsheim
Projektleitung dieser Ausgabe: Macielle Christin Montoya Barea
Herstellung dieser Ausgabe: Elke Cramer

Satz dieser Ausgabe: Nadine Thiel
Druck und Bindung: Mohn Media Mohndruck GmbH, Gütersloh

MIX
Papier aus verantwortungsvollen Quellen
FSC® C011124
FSC
www.fsc.org

Penguin Random House Verlagsgruppe FSC® N001967